BEI GRIN MACHT SICH IHR WISSEN BEZAHLT

- Wir veröffentlichen Ihre Hausarbeit, Bachelor- und Masterarbeit

- Ihr eigenes eBook und Buch - weltweit in allen wichtigen Shops

- Verdienen Sie an jedem Verkauf

Jetzt bei www.GRIN.com hochladen und kostenlos publizieren

Julian Gilbert

Die Theorie des "Long Tails" angewendet auf das Musikbusiness

GRIN Verlag

Bibliografische Information der Deutschen Nationalbibliothek:

Die Deutsche Bibliothek verzeichnet diese Publikation in der Deutschen National-
bibliografie; detaillierte bibliografische Daten sind im Internet über http://dnb.d-
nb.de/ abrufbar.

Impressum:

Copyright © 2011 GRIN Verlag GmbH
Druck und Bindung: Books on Demand GmbH, Norderstedt Germany
ISBN: 978-3-656-11926-5

Dieses Buch bei GRIN:

http://www.grin.com/de/e-book/188168/die-theorie-des-long-tails-angewendet-
auf-das-musikbusiness

GRIN - Your knowledge has value

Der GRIN Verlag publiziert seit 1998 wissenschaftliche Arbeiten von Studenten, Hochschullehrern und anderen Akademikern als eBook und gedrucktes Buch. Die Verlagswebsite www.grin.com ist die ideale Plattform zur Veröffentlichung von Hausarbeiten, Abschlussarbeiten, wissenschaftlichen Aufsätzen, Dissertationen und Fachbüchern.

Besuchen Sie uns im Internet:

http://www.grin.com/

http://www.facebook.com/grincom

http://www.twitter.com/grin_com

Julian Gilbert
M.A. Integrated Media
1. Semester
Universität Oldenburg

Long Tail-Theory

Referatsausarbeitung

Wintersemester 2010/11
Modul 5: „Das Monopol wird brechen!?"
      Musikwirtschaft im Wandel technologischer Herausforderungen

Abgabedatum: 31.03.2011

Gliederung

1. **Einleitung**

2. **Die Hitkultur**

3. **Rahmenbedingungen und Entwicklungen im digitalen Zeitalter**

4. **Der *Long Tail***

    4.1. Digitale Märkte vs. reale Märkte

    4.2. Innovationen im digitalen Zeitalter

    4.3. Die Wirkungsmechanismen des *Long Tail*

5. **Ausblick und Fazit**

6. **Literaturverzeichnis**

1. Einleitung

Durch die stetig voranschreitenden Entwicklungsprozesse der Medientechnologien und den immer stärker werdenden Konvergenzen in allen Bereichen der Medienlandschaft entstehen fortlaufend neue Geschäftsmodelle und Branchen, welche die Medienmärkte grundlegend verändern. Vorangetrieben wurden diese Veränderungen vor allem durch das Aufkommen des Internets, mit seinen netzwerkartigen Strukturen und den oftmals kollaborativen Grundkonzepten, dass die User dazu einlädt aktiv an der Bereitstellung von Content zu partizipieren. Für die „klassischen Medien" brachte das Internet jedoch, vor allem bezüglich der ökonomischen Aspekte, nicht nur positive Effekte. Während das Internet und die onlinebasierten Geschäftsmodelle eine immer größere Beliebtheit bei den Nutzern verzeichnen können, verlieren die „klassischen Medien" an Nutzerzahlen, Umsätzen und Werbeerlösen. Diese Entwicklungen und das Aufkommen von neuen Märkten und Nischenprodukten lassen sich auch im Musikbusiness beobachten, über die sich die Big Player wie Sony, Universal, Warner etc. keineswegs erfreuen.

Als Reaktion auf die Entwicklungen der neuen Märkte im digitalen Zeitalter und der daraus folgenden Veränderungen in der Medienlandschaft, leitete Chris Anderson, US-amerikanischer Journalist und derzeitiger Chefredakteur des Technologie-Magazins "Wired" seine sogenannte *Long Tail-Theorie* ab.

Sein Werk "The Long Tail - Der lange Schwanz, Nischenprodukte statt Massenmarkt. Das Geschäft der Zukunft" bildet daher auch den Grundlagentext dieser Ausarbeitung, in der die Theorie des *Long Tails* im Folgenden speziell auf das Musikbusiness angewendet wird. Im Vordergrund stehen dabei die Fragen, welche Prozesse, Geschäftsmodelle und Veränderungen mit der *Long Tail-Entwicklung* einhergehen.

Um die *Long Tail-Theorie* zu verstehen, muss jedoch zunächst ein historischer Abriss über die Hitkultur der Musiklandschaft getätigt werden, da sie über viele Jahre das Musikbusiness bestimmte.

2. Die Hitkultur

In den letzten Jahrzehnten prägte das Hitsystem, vorangetrieben von den Produktionen der großen Plattenfirmen und der Verbreitung dieser Inhalte durch die Massenmedien, unser Denken über musikalische Inhalte. Seit einigen Jahren lässt sich jedoch ein Absturz dieser hochgelobten Hits verzeichnen. Sie dominieren nicht mehr so umfangreich das Musikbusiness wie in den vergangenen Jahrzehnten. Bestätigen lässt sich diese Aussage damit, dass ein Großteil der fünfzig absatzstärksten Musikalben aller Zeiten zwischen den 70er und 80er Jahren produziert wurde.[1]

Ein Ausschnitt der „ewigen" Top 15 verdeutlicht diese Entwicklung. Nicht ein einziges Musikalbum, welches in diesem Jahrtausend den Tonträgermarkt erblickte, lässt sich hier wiederfinden. Die drei erfolgreichsten Alben aller Zeiten (*Thriller, Back in Black, The Dark Side oft he Moon*) liegen sogar beinahe über drei Jahrzehnte zurück.

Artist	Album	Released	Sales (millions)
Michael Jackson	Thriller	1982	70-110
AC/DC	Back in Black	1980	49
Pink Floyd	The Dark Side of the Moon	1973	45
Whitney Houston/VA	The Bodyguard (Soundtrack)	1992	44
Meat Loaf	Bat Out of Hell	1977	43
Eagles	Their greates Hits (1971-1975)	1976	42
Various Artist	Dirty Dancing(Soundtrack)	1987	42
Backstreet Boys	Millenium	1999	40
Bee Gees/VA	Saturday Night Fever (Soundtrack)	1977	40
Fleetwood Mac	Rumours	1977	40
Shania Twain	Come On Over	1997	39
Led Zeppelin	Led Zeppelin IV	1971	37
Alanis Morissette	Jagged Little Pill	1995	33
The Beatles	Sgt. Pepper's Lonely Hearts Club Band	1967	32
Celine Dion	Falling into You	1996	32

Abbildung 1: Meistverkaufte Alben der Musikgeschichte [Eigene Darstellung in Anlehnung an <http://de.statista.com/statistik/daten/studie/12994/umfrage/meistverkaufte-musikalben-der-musikgeschichte/> (Stand: 17.03.2011).

Diese rückgängige Tendenz der CD-Verkäufe lässt sich auch auf den weiteren Platzierungen beobachten. Selbst unter Betrachtung der vierzig meistverkauften Musikalben aller Zeiten findet sich aus diesem Jahrtausend lediglich ein einziges Album wieder, welches zudem ein Compilation Album („1") der größten Hits der Beatles ist.

Rechnet man alle physischen Longplay-Formate (d.h. ausgenommen Single-Formate zusammen, so wurde der historische Höchststand 1996 mit 3,4 Mrd.

---

[1] Vgl. Anderson, Chris: 2007, S. 1.

verkauften Tonträgern erzielt. 2005 waren es nur mehr, 2,3 Mrd., was einem Rückgang von 32,0% oder -1,1 Mrd. Stk. entspricht.[2]

Doch womit hängt diese Entwicklung zusammen? Werden tatsächlich weniger Musikalben als in den 70er und 80er Jahren verkauft oder ist das Interesse der Konsumenten für diese Form der Unterhaltung gänzlich zurückgegangen?

3. Rahmenbedingungen und Entwicklungen im digitalen Zeitalter

Die Veränderungen im Musikbusiness gingen dabei vor allem mit den technischen und technologischen Entwicklungen in der Musikindustrie, insbesondere der Digitalisierung, einher.

Zur Digitalisierung von Musik werden die audioakustischen Schallwellen mit Hilfe eines Aufnahmemediums, gewöhnlich einem Mikrofon, eingefangen. Diese nun elektrisch analogen Signale werden anhand eines Analog-Digital-Wandlers in diskrete Messwerte, vorwiegend in einen Binärcode umgewandelt und können dann als digitaler Datenstrom gespeichert werden.[3]

Die Digitalisierung ist daher als ein Prozess der Loslösung künstlerischer Inhalte von ihren physischen Trägermedien zu verstehen. Komplexe Inhalte wie Musik, Literatur, Video etc. können dadurch auf kleinsten Speichermedien abgelegt und beispielsweise im Internet zum Download bereitgestellt oder vertrieben werden.[4] Die Digitalisierung kreiert somit die technologischen Bedingungen eines Phänomens in der Medienbranche, welches unter dem Stichwort „Konvergenz" zusammengefasst werden kann.[5] Der Begriff Konvergenz bezeichnet in der Informations- und Kommunikationsindustrie die „Annäherung der zugrunde liegenden Technologien und die Zusammenführung einzelner Wertschöpfungsbereiche aus der Telekommunikations- der Medien- und der Informationstechnologiebranche".[6] Diese Art der Konvergenz lässt also einen neuen „Multimedia-Markt" entstehen, auf dem Unternehmen aus den unterschiedlichsten Bereichen agieren können. Letztendlich ist dieser Vorgang hin zu den digitalen, multimedialen Märkten also als Kompetenzbündelung zu verstehen, die sowohl den

---

[2] Tschmuck, Peter: 2008, S. 149.
[3] Vgl. Hofer: 2000, S.47.
[4] Vgl. Vizjak, Andrej; Ringsletter, Max: 2001, S. 9.
[5] Vgl. Holtrop, Thomas; Döpfner, Mathias; Wirtz, Bernd: 2004, S. 96.
[6] Vgl. Ebd. S.95.

Produzenten als auch den Konsumenten neue Möglichkeiten eröffnen und aufgrund dessen Veränderungen im Musikgeschäft bewirken.

4. Der *Long Tail*

Die von Chris Anderson entwickelte *Long Tail-Theorie* beschäftigt sich genau mit diesem Phänomen des Musikvertriebes im heutigen, digitalen Zeitalter. Er stellt dabei einen Lösungsansatz bereit, der aufzeigt, warum die „Hitmaschinerie" immer weiter einbricht, welche Alternativen an diese Stelle treten und wie sich die Entwicklungen im Musikbusiness in den folgenden Jahren fortsetzen könnten. Der Begriff des *Long Tail* stammt dabei ursprünglich aus der Statistik und bezeichnet Kurven, deren Schwanz im Vergleich zu ihrer Spitze sehr lang, eben „long-tailed", sind.[7]

Die Y-Achse der Kurve drückt dabei immer den Popularitätsgrad oder vielmehr die Verkaufszahlen aus. Entlang der X-Achse befinden sich die verschiedenen Musiker/innen.

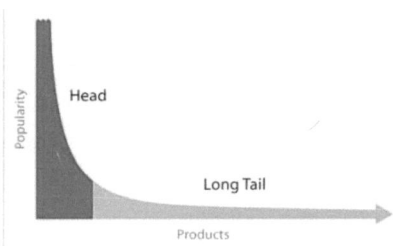

Abbildung 2: Anderson, Chris: **The New Market Place.** <http://www.longtail.com/about.html> (Stand: 17.03.2011).

Für die Musikindustrie beschreibt der, in dieser Abbildung in Rot eingefärbte Abschnitt, die kommerziell erfolgreichen Künstler, wohingegen der weit aus längere, in Orange dargestellte Schwanz der Kurve (der *Long Tail*), die Vielzahl der Nischenkünstler beinhaltet.

In der Anwendung seiner *Long Tail-Theorie* auf die Unterhaltungskultur subsumiert Anderson grundsätzlich einen Zustand, in der sich unsere Kultur und Wirtschaft nicht mehr ausschließlich entlang Massentauglicher Produkte orientieren. Vielmehr knüpft

---

[7] Vgl. Anderson, Chris: 2007, S. 11.

die *Long Tail-Theorie* an die aktuellen Veränderungen an, bei denen sich das Interesse der Konsumenten in die verschiedensten Nischen medialer Angebote hin verlagern.[8] Um jedoch zu verstehen, wodurch nun diese immer bereits dagewesenen Nischenmärkte der Öffentlichkeit zugänglich gemacht werden konnten, ist es zunächst essentiell, die Charakteristika der digitalen Märkte näher zu betrachten.

4.1. Digitale Märkte vs. reale Märkte

Die wesentlichen Unterschiede von digitalen Märkten im Gegensatz zu gewöhnlichen Marktstrukturen finden sich in den Preis-, Produktions- und Distributionsprozessen wieder. Während bei digitalen Gütern vergleichbar hohe fixe Kosten bei der Produktion anfallen, liegen die variablen Kosten aufgrund ihrer trägerlosen Erscheinung weit unterhalb der habtischen Güter:[9]

> Ein wesentliches Merkmal digitaler Güter besteht darin, dass die Erstellung der ersten Kopie in der Regel hohe Kosten verursacht („First-Copy-Costs"), wohingegen die variablen Kosten der Reproduktion gegen null gehen.[10]

Dieses ermöglicht es also Unternehmen oder Einzelpersonen im digitalen Markt bei steigenden Stückzahlen wesentlich kostengünstiger zu produzieren. Auch besteht erstmalig für „Hobbymusiker" die Möglichkeit ihre Musik selber zu produzieren oder gar zu veröffentlichen, da das Equipment mit dem qualitativ hochwertige Musikproduktionen getätigt werden können, mittlerweile erschwinglicher geworden ist.[11]

Auch Preisdifferenzierungen sind im digitalen Markt einfacher und darüber hinaus rentabler zu vollziehen. Als Beispiel dient an dieser Stelle eine Auskopplung eines Musiktitels. Während bei nicht-digitalen Märkten hierfür ebenso ein Trägermedium bereitgestellt werden muss, können digitale Anbieter sehr einfach einen anteiligen Preis des Gesamtwerkes (LP) für den einzelnen Song berechnen (bei ITunes üblicherweise 99Cent) und ihn dem potentiellen Rezipienten zum kostenpflichtigen Download bereitstellen.

---

[8] Vgl. Anderson, Chris: 2007, S. 61.
[9] Vgl. Strube, Jochen; Pohl, Gerrit; Buxmann, Peter: 2008, S.187.
[10] Ebd. S.188.
[11] Vgl. Mahlmann, Carl: 2008, S.41.

Auch hinsichtlich der Distributionswege ist es offensichtlich, dass die Kosten für Logistik und die Bestandskontrolle bei digitalen Märkten nahezu völlig entfallen. Es entstehen lediglich Traffic-Kosten, die allerdings weitgehend zu vernachlässigen sind.[12] Ein weiterer Vorteil von digitalen Märkten, wie von Anderson angeführt, besteht darin, dass sie keiner Regalflächenbegrenzung unterliegen. Während bei digitalen Gütern nahezu unbegrenzter Speicherplatz, in Form von Bits und Bytes auf den Servern bereitgestellt werden kann, muss ein Plattenladen Selektionsprozesse vollziehen, da Kosten für den Stell- und Lagerplatz anfallen. Der Break-Even-Point[13] wird bei einem Plattenladen nämlich erst dann erreicht, wenn mindestens vier Exemplare eines Werkes innerhalb eines Jahres verkauft werden.[14] Somit würde ein Plattenhändler, gesetzt dem Fall, dass die ökonomischen Prozesse für ihn überwiegen, auch nur dann ein Album in sein Sortiment integrieren, wenn dieses einen Umsatz generiert, welcher oberhalb der anfallenden Kosten liegt.

Hinzu kommen die Beschränkungen der „materiellen Welt"[15], denen die analogen Radiosender und TV Musiksender unterliegen. Da ihnen nur eine begrenzte Anzahl an Funkfrequenzen und Sendezeit zur Verfügung stehen, muss eine Vorabauswahl an Musiktiteln für die Hörerschaft getroffen werden. Diese Vorauswahl orientiert sich oftmals anhand von populärer Musik, da die meisten Sendebetriebe versuchen einen möglichst großen gemeinsamen Nenner zwischen den verschiedensten Musikpräferenzen ihrer Hörerschaft zu finden.[16] Im Umkehrschluss führt das dazu, dass nur ein Bruchteil des Musikrepertoires ausgeschöpft werden kann und viele Nischen, die möglicherweise zu speziell sind, nicht gespielt werden können.[17] Für die digitalen Anbieter besteht diese Selektionsproblematik nicht, da auf den verschiedensten Plattformen nahezu unbegrenzt Musiktitel gespeichert und je nach Vorliebe der Konsumenten jederzeit abgerufen werden können.

4.2. Innovationen im digitalen Zeitalter

Wie bereits erwähnt, liegen die Potentiale der Musikindustrie im Internet vor allem in den Kosteneinsparungsprozessen. So sind die Vertriebs- und Produktionskosten für

---

[12] Vgl. Strube, Jochen; Pohl, Gerrit; Buxmann, Peter: 2008, S.189.

[13] Der BEP gibt die Umsatzmenge an, bei der die Erlöse die anfallenden Kosten gerade decken

[14] Vgl. Anderson, Chris: 2007, S. 17.

[15] Ebd. S.20.

[16] Vgl. Ebd. S. 18.

[17] Vgl. Ebd. S. 20.

Musiksongs im digitalen Zeitalter wesentlich kostengünstiger. Dadurch, sowie mit dem Aufkommen neuer Elemente wie MP3, Musiktauschbörsen und Downloadservices entstehen neue Anbietermodelle wie *ITunes* oder *Rhapsody*.[18] Diese Online-Musikdienste zeichnen sich dadurch aus, dass sie ein nahezu unbegrenztes Musikangebot für den Endverbraucher bereitstellen. Anhand einer Untersuchung des Musikportals *Rhapsody* verdeutlicht Anderson die Prozesse der Repertoireerweiterung im digitalen Markt.

Rhapsody ist ein Online-Musikanbieter, der im Jahr 2001 gegründet wurde, lange Zeit zu dem Medienunternehmen *RealNetworks* gehörte und seit 2010 als *Rhapsody International Inc.* eigenständig agiert. Nach eigenen Angaben vertreibt *Rhapsody* heutzutage nahezu 10 Millionen Musiktitel jeglicher Art.[19]

Von der Struktur der Nachfragekurve ähnelt der Kurvenverlauf des Online-Unternehmens einem gewöhnlichen Plattenladen. Auf den vorderen Verkaufsrängen verzeichnet *Rhapsody* eine sehr hohe Nachfrage. Die Künstler, die in diesem Bereich vertreten sind, werden unter der Bezeichnung „Hitmarkt" subsummiert.

Die unten angeführte Kurve, welche die Verkaufsränge bis 25 000 zeigt, spiegelt dabei ungefähr das Angebot an verfügbaren Titeln wieder, die es bei *Wal-Mart*[20] zu erwerben gibt.[21]

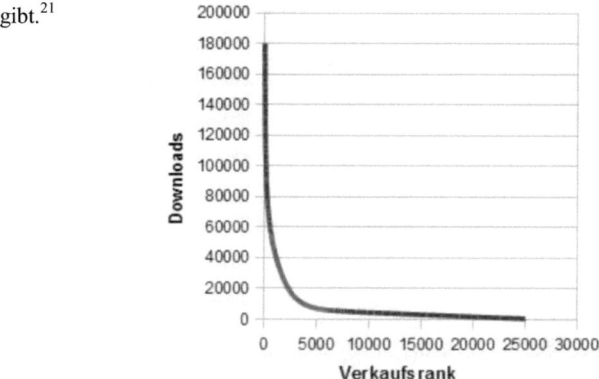

Abbildung 3:Downloads bei Rhapsody [Eigene Darstellung in Anlehnung an Anderson, Chris (2007), S. 22.

Es erscheint, dass der Kurvenverlauf bei einem relativ kleinen Verkaufsrank rapide einbricht und sich bei Verkaufsrang 25 000 nahezu der Null angenähert hat. Jedoch

[18] Vgl. Tschmuck, Peter: 2008, S. 159.
[19] Vgl. http://www.rhapsody.com/about-us#about (Stand: 17.03.2011).
[20] Der Einzelhandelskonzern Wal-Mart gehört in Amerika zu den größten Musikeinzelhändlern.
[21] Vgl. Anderson, Chris: 2007, S. 21f.

anders als bei *Wal-Mart*, bei denen das Sortiment an dieser Stelle aufhört, bietet *Rhapsody* ein deutlich erweitertes Angebot an Songs im *Long Tail* an.

Bei einer vergrößerten Darstellung der Verkaufsränge 25 000 bis 95 000, wie in der folgenden Abbildung skizziert ist, offenbaren sich auch die Gründe für diese Angebotsvielfalt. Selbst am hintersten Ende der Kurve, bei Verkaufsrank 95 000, was bereits dem vierfachen Angebot von Wal-Mart entspricht, betragen die Downloadzahlen immer noch über 100 Mal im Monat.[22]

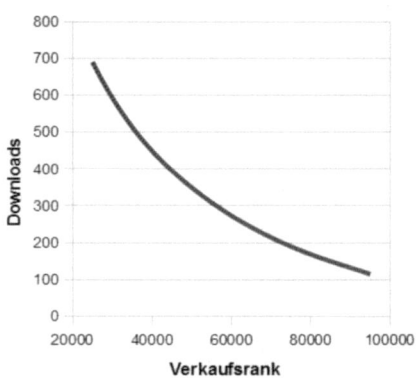

Abbildung 4:Downloads bei Rhapsody [Eigene Darstellung in Anlehnung an Anderson, Chris (2007), S. 23.

Der Grund, warum *Rhapsody* dieses musikalische Experiment mit vielen unbekannten Nischenkünstlern eingehen kann, hängt mit der Risikominimierung bei der Produktion und Distribution digitaler Inhalte zusammen:

> Durch die Digitalisierung der Musik vervielfacht sich die Vertriebskapazität. Weil der Vertrieb im Verhältnis zur Produktion günstiger wird, lohnt sich die quantitative Ausweitung des Angebots in neue Vertriebskanäle. Im Vergleich zur physischen Distribution sind die Folgekosten bei nichterfolgter Projektion deutlich niedriger und ein Abbruch einer Aktion wegen mangelnden Erfolges früher möglich.[23]

Die Zahlen verdeutlichen, dass sich dieses Konzept der Repertoireausweitung bezahlt macht. Die Verkaufsränge 250.000 bis 800.000 generieren zusammengenommen 40% des Gesamtumsatzes des Unternehmens.[24] Auch wenn vermutlich der einzelne Künstler im *Long Tail* keinen großen Gewinn erzielen kann, verzeichnet Rhapsody in Addition des gesamten Nischenangebotes große Umsatzsummen, aufgrund der Kostenvorteile im

---

[22] Vgl. Anderson, Chris: 2007, S. 22f.

[23] Dyk, Tim van: 2008, S.203.

[24] Vgl. Anderson, Chris: 2007, S. 23f.

digitalen Markt. Daher können sie ihre Rentabilitätsschwelle weit unterhalb der Musikeinzelhändler im realen Markt festsetzen und ihren Titelbestand nahezu beliebig erweitern, wodurch der Konsument aufgrund der größeren Auswahl besser seinen Musikpräferenzen nachgehen kann und der *Long Tail* dadurch immer weiter wächst.[25]

4.3. Die Wirkungsmechanismen des *Long Tail*

Die wichtigste Prämisse, wodurch der *Long Tail* dieses Ausmaß annehmen konnte, basiert auf den angesprochenen Kostensenkungsmechanismen, welche mit den neuen digitalen Technologien einhergehen. Die Kostensenkung kann dabei anhand einer oder aller der folgenden Wirkmechanismen erreicht werden.

Den ersten Mechanismus fasst Anderson unter dem Titel „Demokratisierung der Produktionsmittel" zusammen. Dieser Begriff beschreibt die inflationäre Preisentwicklung bei der Beschaffung der erforderlichen Medientechnologien für die Musikproduktion, was letztlich dazu führt, dass sich vermehrt Amateure und Hobbymusiker an der Selbstproduktion ihrer Musik versuchen:[26] „Durch Preisgünstiges Equipment kann heute fast jeder in seinem Wohnzimmer qualitativ hochwertige Musik produzieren."[27] Vor allem dadurch, dass immer mehr Audioaufnahme- und Bearbeitungsprogramme als Freeware, Open Source oder rabattierte Versionen angeboten werden, haben sich die Zugangsbarrieren für viele stark gesenkt. Hierdurch steigen die Anzahl der Marktwettbewerber und damit auch die Menge der produzierten Musiktitel, was für den *Long Tail* bedeutet, dass er an Längenwachstum zulegt.[28]

Das nächste Kriterium, die „Demokratisierung der Vertriebsmittel", wie es von Anderson bezeichnet wird, erklärt den Prozess, der dafür sorgte, dass mit dem Aufkommen des Web2.0, Nischenkünstler, neben der Eigenproduktion von Musik, erstmalig auch die Möglichkeiten genossen, ihre produzierten Inhalte selber zu vertreiben. Denn wie bereits bekannt, entfällt die kapitalintensive Distribution von physischen Gütern bei den digitalen nahezu vollständig, da sie auf einfachem Wege online überliefert werden können: „In der ökonomischen Analyse führen gesunkene Kosten in der Angebotsbereitstellung zu einer Abnahme der Anbieterpreise."[29] Diese

---

[25] Vgl. Dyk, Tim van: 2008, S.203.
[26] Vgl. Anderson, Chris: 2007, S. 63.
[27] Steinkrauß, Niko; Gmelin, Hannes; Günnel, Stefan: 2008, S. 40.
[28] Vgl. Anderson, Chris: 2007, S. 63f.
[29] Dyk, Tim van: 2008, S.200.

Liquiditätssteigerung im Markt des *Long Tail* und der damit zusammenhängenden Preissenkung, bewirkt, dass sich das Nachfrageverhalten aus Sicht der Konsumenten erhöht. Der *Long Tail* wird demnach dicker, da für die Musikhörer/innen ein leichterer Zugang zu den Nischenkünstlern ermöglicht wird.[30]

Der letzte angeführte Wirkmechanismus, thematisiert die Verbindung zwischen Angebot und Nachfrage: „Dabei werden die Verbraucher mit den neuen und neu erhältlichen Artikeln bekannt gemacht, sodass sich die Nachfrage am Long Tail entlang nach rechts verlagert."[31] Dabei ist es für die Entwicklung des *Long Tails* elementar, dass die Nachfrage dem Angebot folgt, da dieser nicht an seiner reinen Angebotsvielfalt gemessen wird, sondern daran, wie viele Menschen an ihm teilhaben. Musik, die auf dem Markt ist, jedoch nicht gehört wird, zählt daher auch nicht zum Angebot des *Long Tails*.

Gute Marketingmaßnahmen sind deshalb notwendig, damit die Nischenkünstler von den potentiellen Konsumenten leicht gefunden werden können. Dabei ist darauf zu achten, dass die Kosten für das Auffinden bestimmter Nischeninhalte möglichst gering gehalten werden. Neben der einfachen *Google* Suche, unterstützen eingebettete Suchmaschinen, Empfehlungsdienste und Rezensionen der Anbieter das spezifische Suchverhalten der Kunden.[32] Das Internet ermöglicht es zudem, dass Kunden mit ähnlichen musikalischen Präferenzen sich gegenseitig bei der Suche nach speziellen Künstlern unterstützen. Communities und Plattformen wie *Amazon* oder *Last.fm* können dabei anderen Usern Anregungen anhand von Produktrezensionen liefern, so dass der musikalische Horizont des Einzelnen erweitert wird.[33] Dadurch dringen die Kunden immer tiefer zu ihren eigentlichen musikalischen Vorlieben vor, was mit anderen Worten die Nachfrage nach den Nischen weiter verstärkt und somit den Schwerpunkt der Nachfrage weiter nach rechts, in Richtung *Long Tail,* verschiebt.[34]

---

[30] Vgl. Anderson, Chris: 2007, S. 64f.
[31] Ebd. S.65
[32] Vgl. Ebd.
[33] Vgl. Dyk, Tim van: 2008, S.202.
[34] Vgl. Anderson, Chris: 2007, S. 66.

5. Ausblick und Fazit

Die von Anderson betitelte *Long Tail-Theorie* bietet einen guten Ansatz, um die Veränderungen des Musikbusiness im digitalen Zeitalter zu verstehen. Zunächst erscheint es so, als dass eine von Seiten der Konsumenten unbändige Nachfrage nach Nischenprodukten besteht.

Dieser Eindruck ist nicht ganz falsch, allerdings führt Anderson dabei selber an, dass die Hitindustrie niemals obsolet werden kann, da sie für die Konsumenten bei jeder neuen Thematik einen ersten Orientierungspunkt bietet. Ohne diese Orientierungshilfen kann der Einstieg in die Nischenumgebung nur schwer vollzogen werden, da die Konsumenten schlicht und einfach überfordert sind mit der Vielfalt des Angebotes.[35] Die Veränderungen im Musikbusiness, die sich durch die Internettechnologien ergeben, sind jedoch durchaus erkennbar und Anhand von Statistiken zu belegen.

> Seit dem Jahr 2000 schrumpfen die Märkte für Tonträger weltweit: 2001 um rund 5,5 Prozent, 2002 und 2003 um rund 7 Prozent, 2004 um rund ein Prozent und 2005 um rund 3 Prozent.[36]

Das Aufkommen neuer Konkurrenten und Marktteilnehmer (ITunes als aussagekräftigstes Beispiel der letzten Jahre) schreitet dabei mit den medialen Entwicklungsprozessen beständig voran. Daher ist es gerade für die Musikhändler, die großen Tonträger- und Musikproduktionsunternehmen enorm wichtig, sich diesen Entwicklungsprozessen anzupassen und neue Märkte und Vertriebskanäle zu erschließen, um Wettbewerbsfähig zu bleiben und keine Umsatzverluste zu erleiden.

---

[35] Vgl. Anderson, Chris: 2007, S. 174.
[36] Jakob, Hubert, S.77.

6. Literaturverzeichnis

Anderson, Chris (2007): The Long Tail- Der lange Schwanz, Nischenprodukte statt Massenmarkt. Das Geschäft der Zukunft. München: Carl Hanser Verlag.

Dyk, Tim van (2008): Einfluss neuer Technologien auf die Wertschöpfungskette in der Musikindustrie. In: Clement, Michel; Schusser, Oliver; Papies, Dominik (Hg.): Ökonomie der Musikindustrie. Wiesbaden: Gabler, S.197-210.

Hofer, Michael (2000): Medienökonomie des Internet. Münster: LIT Verlag.

Holtrop, Thomas; Döpfner, Mathias; Wirtz, Bernd (2004): Deutschland Online. Entwicklungsperspektiven der Medien- und Internetmärkte. Wiesbaden: Gabler.

Jakob, Hubert (2008): Wirtschaftlichkeit in der Musikindustrie. In: Clement, Michel; Schusser, Oliver; Papies, Dominik (Hg.): Ökonomie der Musikindustrie. Wiesbaden: Gabler, S.77-84.

Mahlmann, Carl (2008): Managing Marketing und Sales. In: Clement, Michel; Schusser, Oliver; Papies, Dominik (Hg.): Ökonomie der Musikindustrie. Wiesbaden: Gabler, S.135-166.

Steinkrauß, Niko; Gmelin, Hannes; Günnel, Stefan (2008): Wettbewerbsanalyse. In: Clement, Michel; Schusser, Oliver; Papies, Dominik (Hg.): Ökonomie der Musikindustrie. Wiesbaden: Gabler, S.27-43.

Strube, Jochen; Pohl, Gerrit; Buxmann, Peter (2008): Preisstrategien für Onlinemusik. In: Gensch, Gerhard; Stöckler, Eva Maria; Tschmuck, Peter (Hg.): Musikrezeption, Musikdistribution und Musikproduktion. Der Wandel des Wertschöpfungsnetzwerkes in der Musikwirtschaft. Wiesbaden: Gabler, S.187-204.

Tschmuck, Peter (2008): Vom Tonträger zur Musikdienstleistung – Der Paradigmenwechsel in der Musikindustrie. In: Gensch, Gerhard; Stöckler, Eva Maria; Tschmuck, Peter (Hg.): Musikrezeption, Musikdistribution und Musikproduktion. Der Wandel des Wertschöpfungsnetzwerkes in der Musikwirtschaft. Wiesbaden: Gabler, S.141-162.

Vizjak, Andrej; Ringsletter, Max (2001): Content entscheidet über Wachstum und Profitabilität in der Medienbranche. In: Vizjak, Andrej; Ringsletter, Max (Hg.): Medienmanagement: Content gewinnbringend nutzen. Trends, Business-Modelle, Erfolgsfaktoren. Wiesbaden: Gabler, S. 9-16.